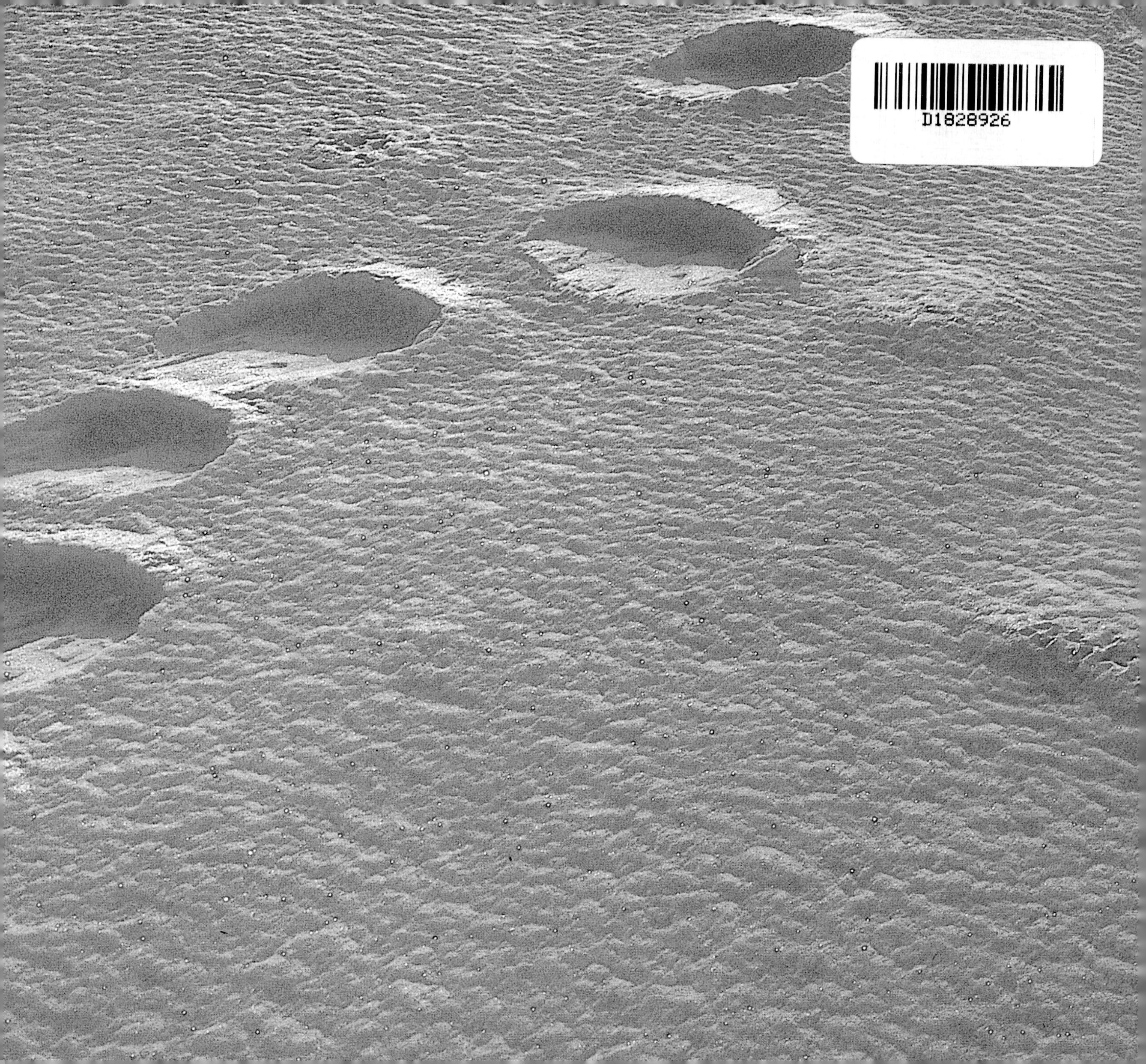

4. Auflage 1999

Die Reihe „Tier-Kinder-Buch" wird von Sybille Kalas herausgegeben.
Lektorat: Prof. Dr. Hans Gärtner, Übersetzung von Sybille Kalas.

Printed in Italy by Editoriale Lloyd s.r.l.
ISBN 3-85195-254-5

Thor Larsen

Das Eisbären-Kinder-Buch

Sybille Kalas

MICHAEL NEUGEBAUER VERLAG, GOSSAU ZÜRICH/HAMBURG/SALZBURG

Weit, weit weg im hohen Norden, rund um den Nordpol, liegt die Arktis, ein Land aus Eis und Schnee. Hier ist es so kalt, dass die Temperatur manchmal bis 40 Grad unter den Gefrierpunkt sinkt. Dann ist es doppelt so kalt wie in einer Tiefkühltruhe. Sogar das Meer ist das ganze Jahr über zugefroren. Wenn die Eisdecke zerbricht, entstehen große Schollen, die von Wind und Meeresströmungen umhergetrieben werden.
Die Arktis ist ein merkwürdiges Land. Im Sommer scheint die Sonne immer und es gibt fast keinen Unterschied zwischen Tag und Nacht.
Im Winter aber sieht man die Sonne überhaupt nicht. Der Winter in der Arktis ist wie eine einzige Nacht, die mehrere Monate dauert.

Trotzdem ist die Arktis voller Leben. Hier kannst du viele Tiere und sogar Blumen finden. In der Arktis begegnest du auch einem der größten und schönsten Tiere der Welt, dem Eisbären.

Dieser riesige Eisbärenmann wiegt fast 500 Kilo – und es gibt Eisbären, die sind fast doppelt so schwer. Der Eisbär ist das größte Landraubtier der Erde. Er hat einen langen, weißen Pelz, scharfe Krallen, ähnlich einer Katze, und starke, scharfe Zähne. Die Krallen und Zähne des Eisbären verraten, dass er ein Jäger ist, der vom Fleisch seiner Beute lebt.

Du und ich, wir müssen uns sehr warm anziehen in der Arktis. Wir brauchen Mützen, Handschuhe und dicke Anoraks. Trotzdem finden wir es noch immer kalt. Die Eisbären aber fühlen sich wohl, sogar wenn es kälter wird als minus 30 Grad, denn ihr Pelz hat ganz besondere Eigenschaften. Jedes einzelne Haar des Eisbären ist durchsichtig. So wärmt die Sonne mit ihrer ganzen Kraft den Körper des Eisbären. Die langen Haare halten die Wärme an der Körperoberfläche fest. Das Eisbärenfell wirkt wie das Glas bei einem Treibhaus: Die Sonnenstrahlen können es durchdringen, aber nur wenig Wärme gelangt wieder nach draußen.

Unter der Haut hat der Eisbär eine Fettschicht. Manchmal ist sie fast zehn Zentimeter dick. Dieses Fett verhindert, dass Körperwärme an die kalte Luft abgegeben wird. So kann der Eisbär nicht auskühlen. Er hat also einen doppelten Kälteschutz. Seine natürliche „Schutzkleidung“ aus Fell und Fett ist viel wirksamer als die wärmste Unterwäsche, die dicksten Hemden, Pullover und Jacken. Deshalb ist einem Eisbären warm und er fühlt sich wohl, wie kalt es auch sein mag.

Manchmal wandert ein Eisbär tage- und wochenlang umher und findet nicht zu fressen. Ein Eisbär kann – wenn es sein muss – Monate ohne Nahrung überleben. Er benützt seine Fettschicht als Nahrungsvorrat. Sie ist also doppelt wichtig für den Eisbären: Sie schützt ihn gegen die Kälte und hilft ihm Hungerzeiten zu überstehen.

Dieser große Bär hat nur 250 Gramm gewogen, als er geboren wurde – vor vielen Jahren in einer Schneehöhle…
Über die Geburt und das Heranwachsen der Eisbärenkinder gibt es Interessantes zu erzählen:

Es beginnt im späten Herbst. Die Vögel ziehen nach Süden. Jeden Tag wird es kälter, denn die Sonne verschwindet hinter dem Horizont. Die trächtige Eisbärin wird in wenigen Monaten ihre Jungen bekommen. Deshalb verlässt sie das Treibeis und wandert zu einer fernen Küste. Sie muss eine entlegene Insel finden, auf der es keine Menschen gibt und auch sonst nichts, was sie stören könnte. Wenn sie das Land erreicht, erklimmt sie einen steilen Berghang. Sie läuft umher, bis sie eine tiefe Schneewehe findet. Hier beginnt sie ihre Höhle für den Winter zu graben. Die Eisbärin benützt ihre riesigen Pranken als Schaufeln. Sie gräbt ein Loch und wirft den Schnee den Berghang hinunter. Immer tiefer gräbt sie. Dazu braucht sie viele Stunden, vielleicht sogar Tage. So entsteht ein enger Tunnel, 10 oder 15 Meter lang, mit einer Kammer am Ende. Wenn sie mit ihrer Arbeit fertig ist, legt sie sich in der Höhle nieder und ruht sich aus. Bald deckt treibender Schnee den Eingang des Tunnels zu. So gut, dass niemand die Höhle mit der schlafenden Eisbärin findet.

In der Winternacht, die in der Arktis viele Monate dauert, wird es sehr kalt. Manchmal toben wilde Stürme. Die eisigen Winde fegen über den gefrorenen Boden und über die Schneewehen hinweg. In der Eisbärenhöhle aber ist es warm und gemütlich. Die dicken Schneewände schützen die Eisbärin vor der kalten, harten arktischen Nacht.

Um Weihnachten, wenn die arktische Nacht am dunkelsten und kältesten ist, geschieht in der Schneehöhle das Unglaubliche: Die Eisbärin bringt ihre beiden Kinder zur Welt. Normalerweise bekommt sie zwei Junge, manchmal nur eines. Sehr selten werden auch Drillinge geboren. Ein neugeborenes Eisbärenjunges ist nicht größer als ein drei Wochen altes Kätzchen. Die Eisbärchen haben noch kein Fell und ihre Augen sind noch geschlossen. In vieler Hinsicht ähneln sie hilflosen Rattenkindern. Und so ein winziges Wesen wird zum größten und mächtigsten Raubtier der Erde heranwachsen!

Kein Mensch hat jemals die Geburt kleiner Eisbären in ihrer Schneehöhle miterlebt. Wir können uns nur vorstellen, was dort geschieht: Zuerst leckt die Eisbärin ihre winzigen Jungen. Dadurch spüren sie die Nähe und Fürsorge ihrer Mutter. Sie werden trocken und beginnen zu atmen. Dann nimmt die Mutter ihre Kinder ganz nah an ihren warmen Körper um sie vor Kälte zu schützen. Den kleinen, hilflosen Eisbärchen ist es angeboren, nach den Zitzen der Mutter zu suchen. Sie finden sie ganz alleine und beginnen Milch zu saugen. Eisbärenmilch ist sehr fett und nahrhaft. Sie ist dick wie Sahne und schmeckt nach Haselnüssen. Ganz still und friedlich ist es in der Höhle. Die Eisbärchen schlafen, wachen auf, trinken, und schlafen wieder ein. Die Mutter döst fast die ganze Zeit.

Draußen aber geht das Leben weiter wie seit tausenden von Jahren. An der Küste und in den Tälern leben Rentiere. Mit ihren scharfen Hufen scharren sie gefrorene Gräser aus dem Schnee. Die sind jetzt ihre einzige Nahrung.
Auch die Rentiere sind an die harten Lebensbedingungen des hohen Nordens angepasst. Ihr Haarkleid ist lang und dicht und schützt sie gut vor der Kälte. Wie die Eisbären haben auch die Rentiere eine dicke Fettschicht unter der Haut. Und genau wie die Eisbären ist sie nicht nur Kälteschutz, sondern auch Nahrungsvorrat für den Winter. Im Spätherbst ist die Fettschicht mindestens zehn Zentimeter dick. Dann sehen die Rentiere eher aus wie haarige Schweine mit dicken Hängebäuchen und großen Geweihen. Im späten Winter aber haben sie fast ihr ganzes Fett aufgebraucht. Dann sind sie wieder schlank und elegant und sehen aus, wie es sich für Rentiere gehört.

Auch andere Tiere können den arktischen Winter überleben. Der Eisfuchs ist im Sommer braun, jetzt trägt er einen dichten, weißen Winterpelz, der ihn in Eis und Schnee fast unsichtbar macht. Der Eisfuchs ist immer unterwegs: Er rennt am Strand entlang und aufs Eis hinaus, immer auf der Suche nach etwas zu fressen; dann rennt er einen Berghang hinauf und schnüffelt zwischen Felsbrocken herum. Vielleicht sucht er nach einem seiner Vorratslager, die er im Herbst angelegt hat, als es reichlich Nahrung für einen Fuchs gab.

Wenn der Winter kommt, sind die meisten Vögel nach Süden geflogen. Das Schneehuhn aber bleibt hier. Wie der Eisfuchs passt es seine Farbe der Umgebung an. Im Sommer ist es braun, im Winter schneeweiß. Die Schneehühner plustern ihr Gefieder auf und sehen dann aus wie Bälle mit Kopf und Schwanz. Meistens sitzen sie ganz still und sparen so Energie. Ab und zu trippeln sie umher und suchen nach trockenen, gefrorenen Pflanzen.

Die arktische Nacht geht zu Ende. Langsam kehrt die Sonne zurück und an einem Februartag steigt sie zum ersten Mal über den Horizont. Wie ein roter, glühender Feuerball hängt sie tief am Himmel. Zu dieser Jahreszeit wärmt die Sonne nur wenig, aber sie gibt uns das Versprechen, dass der Winter vorüber ist und der Frühling zurückkommt in den Norden.

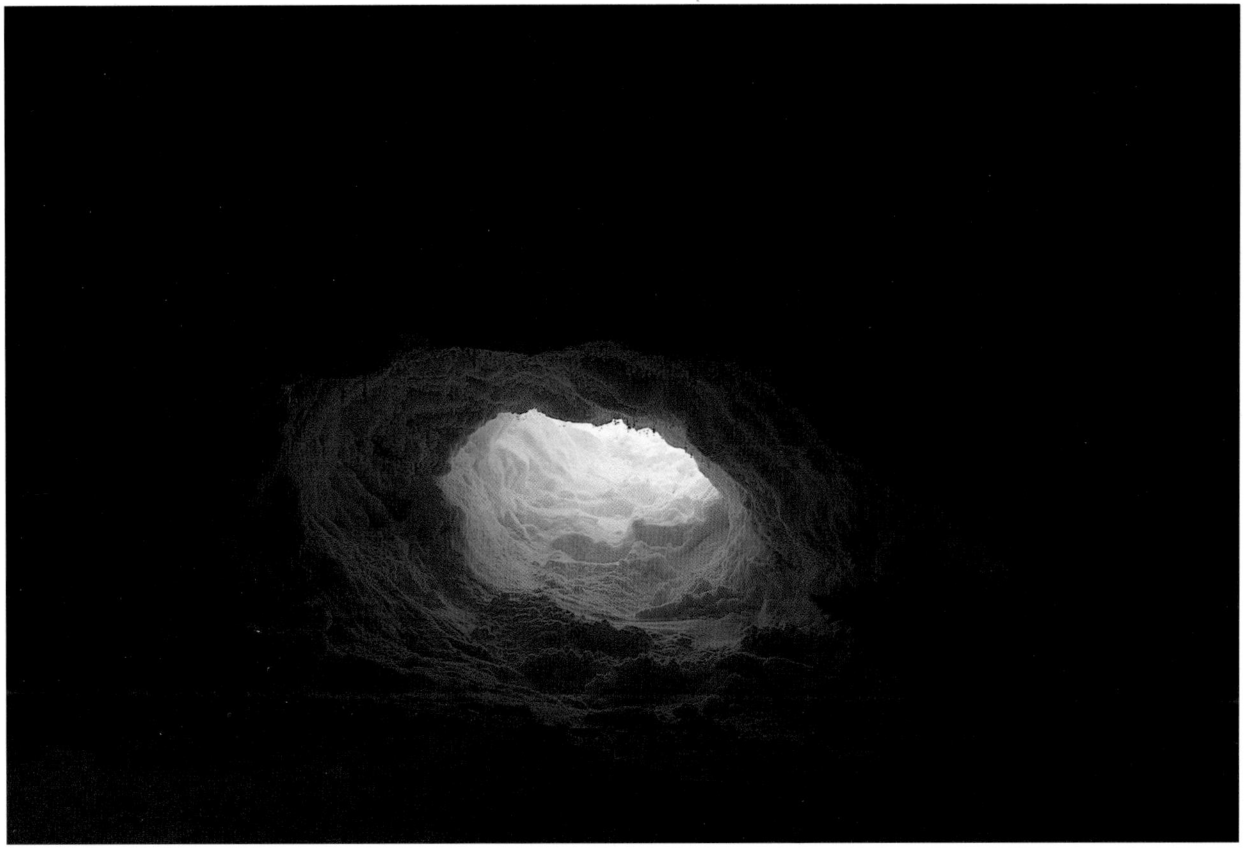

In ihrer Schneehöhle merkt die Eisbärenfamilie nur wenig von diesen Veränderungen. Die Eisbärchen wissen nichts von der fremden Welt draußen. Sie wissen nichts von hohen, steilen Gebirgen und riesigen Eisbergen. Noch nie haben sie ein Rentier gesehen, noch nie einen Eisfuchs oder ein Schneehuhn, obwohl sie alle nur ein paar Meter von ihrer Winterwohnung entfernt umhergehen. Und sie wissen auch nicht, was die Sonne ist, deren Licht durch den Schnee fällt und ihre Höhle ein wenig heller macht.

Seit ihrer Geburt haben die Eisbärchen sich verändert. Sie tragen jetzt einen dichten, weißen Pelz, haben scharfe Krallen und Zähne und ihre Augen sind tiefschwarz. Wie lebendig sie geworden sind! Sie wollen herumtollen und spielen. Sie rennen im Tunnel auf und ab und graben sich selbst kleine Höhlen und Gänge. Sie jagen sich gegenseitig und spielen miteinander. Sie klettern auf ihrer Mutter herum, die eigentlich nur schlafen will. Sie ist jetzt sehr, sehr müde und das ist kein Wunder: Die Eisbärenmutter hat fast ein halbes Jahr in der Höhle verbracht. In dieser langen Zeit hat sie nichts gefressen. Dass ein Tier das aushalten kann, ist schon erstaunlich genug. Die Eisbärin aber hat dazu noch zwei Junge zur Welt gebracht und sie mit ihrer Milch so gut ernährt, dass sie in dreieinhalb Monaten zu kräftigen Bärenkindern herangewachsen sind.

Eines Morgens, Ende März oder Anfang April, findet die Eisbärenmutter, dass es Zeit ist, die Höhle zu verlassen. Sie kriecht durch den Tunnel, gräbt den Schnee vor dem Eingang weg und klettert ins Freie. Eine Zeitlang bleibt sie vor der Höhle sitzen und schaut blinzelnd umher. Sie ist sehr aufmerksam, denn sie muss ihre Kinder beschützen. Die Jungen bleiben noch in der Höhle. Vielleicht fürchten sie sich ein bisschen vor dem grellen Sonnenlicht und der kalten Luft, die plötzlich in ihre sichere Winterwohnung weht.

Nach einiger Zeit beschließt die Bärin, dass auch ihre Kinder die Höhle verlassen sollen. Sie wendet sich wieder dem Höhleneingang zu und ruft ihre Jungen. Mehrmals hintereinander bläst sie Luft durch die Nase: „…Huff – huff – huff…" Das heißt: „Kommt her zu mir!" Bald klettern die Kinder vorsichtig aus der Höhle. Jetzt sitzen sie neben ihrer Mutter und schauen sich um – betrachten diese fremde, kalte, wunderschöne Welt.

Nach einer halben Stunde findet die Bärin, dass es genug ist für heute, schlüpft zurück in die Höhle und die Kinder folgen ihr.

Eigentlich würde man erwarten, dass die Bärin mit ihren Kindern die Höhle so schnell wie möglich verlässt. Sie muss jetzt großen Hunger haben. Sicher ist sie hungrig, aber sie weiß auch, dass die Welt draußen kalt und gefahrvoll ist. Sie weiß, dass ihre Kinder imstande sein müssen ihr zu folgen, wenn sie mit ihnen den Berghang und die Insel verlässt, um für sich und die Kinder etwas zu fressen zu finden.
Sollen sie dieser Aufgabe gewachsen sein, brauchen die Eisbären starke Muskeln. Deshalb bleibt die Bärin mehrere Tage bei der Höhle, vielleicht sogar eine Woche oder länger. Die Kinder können spielen, herumspringen und rennen. Davon werden sie stark und flink.

Jeden Tag verbringen die Eisbären mehr Zeit außerhalb der Höhle. Die Mutter liegt ruhig in der Sonne. Die Kinder aber werden immer mutiger. Sie rennen hintereinander her, rutschen den Berghang hinunter und klettern wieder hinauf. Sie spielen Verstecken hinter der Mutter oder eines der Eisbärchen nimmt einen Schneehügel in Besitz und verteidigt ihn gegen sein Geschwister. Bald werden die Kinder müde und wollen bei ihrer Mutter trinken. Die sitzt beim Säugen oft aufrecht wie ein Mensch und umfängt die beiden Kinder mit ihren starken Vorderpranken. Nach wenigen Minuten sind die Jungen satt und spielen weiter. Manchmal fordern sie die Mutter zum Mitspielen auf, die Eisbärin aber will nur schlafen und sich ausruhen.

Im April berührt die Sonne nicht mehr den Horizont. Von nun an steht sie Tag und Nacht am Himmel. Mehrere Monate wird es jetzt immer hell sein.

Die Eisbärin entschließt sich die Höhle für immer zu verlassen. Sie klettert den Berghang hinunter und ruft ihre Kinder: „Huff – huff – huff" – „Kommt mit!" Gleich schlittern die Kinder hinter ihr den Hang hinunter. Auf ihrem Weg zur Küste und hinaus aufs Eis springen sie herum und spielen. Von einem Hügel aus können wir ihren Weg ein oder zwei Stunden lang verfolgen. Die Mutter geht voran, die Kinder folgen ihr. Dann verlieren wir sie aus den Augen. Die Eisbärenfamilie verschwindet in der weißen Einsamkeit und kehrt nie mehr in ihre Winterwohnung zurück.

Die erste Wanderung hinaus aufs Eis ist sicher aufregend für die Eisbärenkinder.

Manchmal treffen die Eisbären ein riesiges Walross, das sich auf dem Eis ausruht. Vielleicht ist dieses Riesentier mit den langen Stoßzähnen ein erschreckender Anblick für die Eisbärchen. Ihre Mutter macht einen großen Bogen um das Walross, denn sie weiß, dass es gefährlich sein kann.

Die Eisbären begegnen Vögeln, die in großen Schwärmen dicht über dem Eis dahinhuschen. Das sind Dreizehenmöwen und Trottellummen und wahre Wolken von Krabbentauchern, die landeinwärts fliegen.

Diese Vögel kommen jetzt aus dem Süden zurück um auf den steilen Klippen zu brüten: die Gryllteiste mit den leuchtend roten Füßen und dem weißen Fleck am Flügel, die lustigen kleinen Krabbentaucher und die weißen Elfenbeinmöwen. Im kalten arktischen Meer finden sie Nahrung für sich und ihre Jungen im Überfluss.

Es gibt auch Seehunde hier und die sind das Lieblingsfressen der Eisbären. Am häufigsten sind die Ringelrobben, aber Bartrobben trifft die Eisbärenfamilie auch oft. Manchmal schwimmen sie im eiskalten Wasser und schauen die Eisbären mit ihren großen, runden Augen an. Dann beachtet die Eisbärin sie gar nicht, denn sie weiß, dass sie die Seehunde im Wasser niemals erbeuten kann. Im Wasser sind sie nämlich viel schneller als die Eisbärin.

Die Eisbärin entdeckt aber auch ein paar Seehunde, die auf dem Eis schlafen. Wenn die Seehunde so in der Sonne liegen und sich wärmen, kann ein Eisbär sie leicht erbeuten. Vielleicht gelingt es der Eisbärin, einen von ihnen zu fangen. Ihre Kinder lässt sie zurück, damit sie ihre Jagd nicht stören.
Die Eisbärchen gehorchen. Sie setzen sich aufs Eis und beobachten ihre Mutter.

Die Bärin schleicht aufs Eis hinaus. Sie versteckt sich hinter Hügeln und Wällen aus Eis. Näher und näher kommt sie ihrer Beute. Manchmal verharrt sie vollkommen unbeweglich, denn ab und zu hebt einer der Seehunde den Kopf und schaut sich um. Wenn der Seehund wieder einschläft, schleicht die Eisbärin weiter. Dann legt sie sich platt auf den Bauch. Sie robbt weiter – langsam – ganz langsam – und sehr vorsichtig. Jetzt ist sie noch ungefähr 50 Meter von dem Seehund entfernt. Wieder hebt er den Kopf und schaut sich um. Und wieder liegt die Eisbärin vollkommen still. Der Seehund schläft weiter, die Eisbärin schleicht sich näher heran. 30 Meter ist sie noch von ihrer Beute entfernt – dann 20 – jetzt nur noch 15 Meter. Ganz, ganz vorsichtig muss sie jetzt sein. Der Seehund liegt nur ein paar Meter von einem Loch im Eis entfernt. Eine falsche Bewegung und er ist im Wasser verschwunden und die Jagd war umsonst! Wieder hebt der Seehund den Kopf, aber er entdeckt die Eisbärin nicht. Wieder schläft er ein. Die Eisbärin zieht die Beine unter ihren Körper. Sie ist bereit. Blitzschnell schießt sie nach vorne – zwei, drei lange Sprünge und sie versetzt dem Seehund einen gewaltigen Hieb mit der Pranke. Sie schleudert ihn übers Eis, weg von dem Wasserloch. Sekunden später ist der Seehund tot.

Die Eisbärin packt ihre Beute und kehrt zu ihren Kindern zurück. Sie lässt den Seehund aufs Eis fallen und beginnt zu fressen.

Die Jungen beschnüffeln den toten Seehund, sie lecken ein bisschen Blut und versuchen in das Fleisch zu beißen. Aber das hier ist Fressen für ihre Mutter! Sie ist sehr hungrig. Zuerst frisst sie die Haut und das Fett, dann das Fleisch und die Eingeweide, zum Schluss die Knochen. Nach ein, zwei Stunden ist von dem Seehund nichts mehr übrig. Die Eisbärin hat dann 60 Kilo Haut, Fett, Fleisch und Knochen bei einer einzigen Mahlzeit verzehrt. Jetzt braucht sie ein paar Tage lang nicht mehr zu jagen.

Die Eisbären wandern weiter übers Packeis. Die Jungen werden immer stärker. Bald können sie Tag und Nacht gehen, mehr als 40 Kilometer täglich – und das mehrere Tage hintereinander. Sie klettern über Buckel und Wälle aus Eis.

Sie schwimmen lange Strecken durch eiskaltes Wasser. Sie kommen an unbekannte Strände und auf einsame Inseln. Sie treffen fremde Eisbären. Die Mutter versucht ihnen aus dem Weg zu gehen, denn sie weiß, dass einzelne Eisbären gefährlich sein können. Manchmal versuchen sie nämlich, Eisbärenkinder zu töten und zu fressen.

Bald ist der arktische Hochsommer da und überall ist Leben. Abertausende von Vögeln umschwärmen die Berghänge. Winzige Blumen bedecken die Erde mit leuchtenden Farben.

Die jungen Eisbären folgen ihrer Mutter aufmerksam. Sie lernen jeden Tag von ihr. Wenn sie ein halbes Jahr alt geworden sind, versuchen sie auch selbst zu jagen. Zunächst haben sie damit keinen Erfolg, aber bei jedem Versuch lernen sie etwas dazu. Interessiert beobachten sie ihre Mutter, wenn sie auf einer Klippe Vogeleier und junge Vögel erbeutet. Sie schauen zu, wie sie nach Tang und Seegras taucht, das sie ihnen dann zum Fressen anbietet. Ihre Lieblingsspeise ist das ja nicht gerade, trotzdem versuchen sie ein bisschen davon. Manchmal gehen die Eisbären auf Inseln an Land, wo Gänse und Eiderenten brüten. Die Eisbärin scheucht dann die Vögel auf und versucht einen zu fangen. Manchmal beachtet sie die Vögel aber auch nicht und geht einfach an ihnen vorbei. Die Kinder sehen, dass ihre Mutter Gras frisst. Sie machen es ihr nach. In der Nähe grasen ein paar Rentiere. Die Eisbärin jagt sie nicht. Sie weiß, dass es sinnlos ist, weil Rentiere viel schneller laufen können als Eisbären.

Wieder ist ein Sommer zu Ende. Es wird kälter und der erste Schnee bedeckt die Berge. Die Vögel fliegen nach Süden und die Blumen verblühen.

Im September wiegt jeder der jungen Eisbären mindestens 60 Kilo. Sie sind jetzt stark und schnell. Trotzdem brauchen sie ihre Mutter noch. Sie müssen noch viel von ihr lernen – über die Seehundjagd und wie man sonst noch etwas zu fressen finden kann. Deshalb wird die Eisbärenfamilie auch den kommenden Winter zusammen verbringen.

Diesmal gräbt die Eisbärin keine Höhle. Den ganzen Winter wird sie mit ihren Kindern im Freien verbringen. Jetzt werden die Jungen erfahren, wie kalt und dunkel der arktische Winter ist.

Wenn die Stürme wüten, verstecken sie sich hinter einem Eisberg. Wie Hunde rollen sie sich zusammen und verschlafen den Sturm, auch wenn er stundenlang, manchmal tagelang, anhält. Legt sich der Wind endlich, stehen die Eisbären auf, schütteln den Schnee aus dem Fell und setzen ihre endlose Wanderung fort. Nur wenn das Wetter sehr schlecht wird, suchen sie sich eine Schneewehe auf dem Eis oder an Land und graben dort eine kleine Höhle, in der sie sich zusammenrollen und warten, bis der Sturm vorüber ist.

Dieser zweite Winter, ihr erster draußen im Freien, ist eine harte, schwere Zeit für die jungen Eisbären. Dieser Winter ist wie eine Prüfung, die es zu bestehen gilt, wenn man ein großer, starker, erwachsener Eisbär werden will mit der Aussicht auf ein Leben in der Arktis, das 40 Jahre dauern kann.

Die jungen Eisbären beginnen ihren zweiten Sommer zusammen mit ihrer Mutter. Sie sind jetzt fast so groß wie sie. Sie haben gelernt, selbst Seehunde zu fangen, und sie brauchen die Milch ihrer Mutter nicht mehr. Sie werden immer selbständiger. Manchmal streunen sie herum, weit weg von ihrer Mutter und mehrere Stunden lang. Allein für sich entdecken sie jetzt ihre aufregende Welt.

Der zweite Sommer geht vorüber, der dritte Winter bricht für die Eisbärenfamilie an. Die Jungen sind jetzt zwei Jahre alt. Sie sind gewaltige, starke Eisbären geworden. Wenn der Frühling kommt, wird die Eisbärenmutter immer abweisender gegen ihre Kinder. Die drei werden sich bald voneinander trennen.

Eines Tages trifft die Familie einen großen, starken Eisbärenmann. Bisher ist die Eisbärin in einem solchen Fall immer weggerannt oder sie hat den Fremden vertrieben. Diesmal tut sie das nicht. Sie jagt ihre Jungen weg.
Sie interessiert sich nur noch für den Eisbärenmann. Die beiden bleiben für ein paar Tage zusammen und paaren sich mehrmals. Nur diese kurze Zeit verbringt die Eisbärin mit dem Vater ihrer zukünftigen Kinder. Für deren Aufzucht wird sie wieder ganz allein verantwortlich sein.

Die beiden jungen Eisbären bleiben in der Nähe ihrer Mutter. Aber immer, wenn sie zu nahe kommen, werden sie vom Eisbärenmann verjagt.

Vielleicht fühlen die beiden jungen Eisbären, dass für sie die Zeit gekommen ist ihr eigenes Leben zu führen. Eines Tages gehen sie weg. Sie werden nicht mehr zu ihrer Mutter zurückkehren. Sie brauchen jetzt ihren Schutz und ihre Hilfe nicht mehr. Die Eisbärin hat ihre Kinder gelehrt, wie man jagt und wie man in dieser eisigen Welt überlebt. Sie sind jung, stark und schnell, sie können jede Herausforderung annehmen.

Für einige Zeit bleiben die Geschwister noch zusammen. Eines Tages aber wird jedes der beiden seiner Wege gehen. Wahrscheinlich werden sie sich niemals wieder treffen.

Den nächsten Frühling und Sommer verbringen die jungen Eisbären ganz allein. Sie wandern über das Eis und jagen Seehunde. Die Eisbärin wird bald wieder Kinder bekommen von dem großen Eisbärenmann.

Sie verlässt das Treibeis und wandert zu einer fernen Küste. Sie muss eine entlegene Insel finden, auf der es keine Menschen gibt und auch sonst nichts, was sie stören könnte. Wenn sie das Land erreicht, erklimmt sie einen steilen Berghang. Sie läuft umher, bis sie eine tiefe Schneewehe findet. Hier beginnt sie ihre Höhle für den Winter zu graben, genau wie vor drei Jahren.